© Editions Philippe AUZOU, París (France) 2008
Título original: Mon petit manuel d'expériences, mecánica
© De la edición castellana:
Editorial Zendrera Zariquiey, Barcelona 2009
Calle Alfonso XII, 24 bajos –Tel. 93 654 82 91
08006 Barcelona
www.editorialzendrera.com
Traducción: Jorge Zendrera
Preimpresión: ZTE
Producción y coordinación editorial: Valentina González
Primera edición: Noviembre 2009
ISBN: 978-84-8418-391-4
Textos: Mélanie Pérez (Doctora en el Museo Nacional de Historia Natural de París)
Ilustraciones: Sandrine Lamour
Ilustraciones de la cubierta y guardas: Marie Auvinet

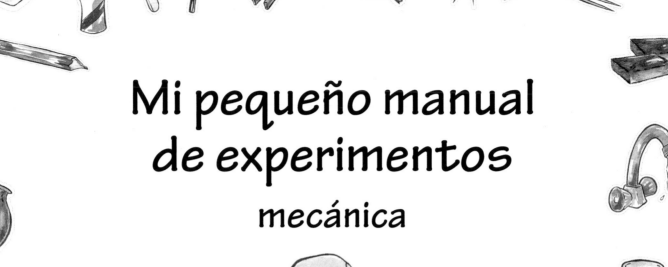

Mi pequeño manual de experimentos

mecánica

Experimentos sencillos
para aprender divirtiéndose.

Índice

¡Buenos días!

Me llamo Lea y él es mi hermano Hugo.

¿Te gusta hacer experimentos? Saber cómo avanza un barco o cómo fabricar un paracaídas son experiencias apasionantes. Hemos seleccionado para ti métodos sencillos para conocer mejor el movimiento: el bus de imán, la cometa, la bandera oscilante... También te explicaremos el funcionamiento de los puentes levadizos y la mejor manera de crear una marioneta.

Te iremos guiando a lo largo del libro explicándote paso a paso las diferentes etapas.

¿Vamos?

¡CUIDADO!
Si ves este símbolo
pide ayuda a un adulto

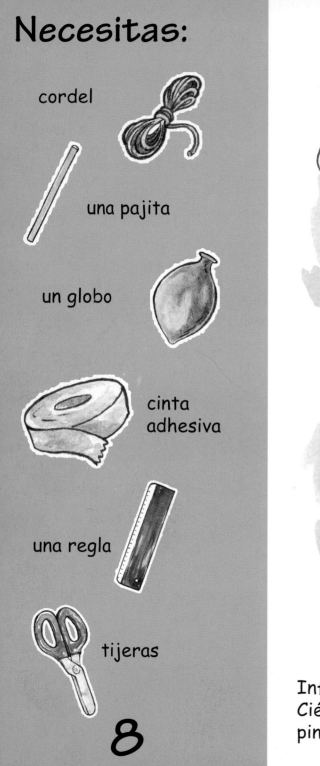

Necesitas:

cordel

una pajita

un globo

cinta adhesiva

una regla

tijeras

8

El globo a propulsión

1 Corta 2,20 m de cordel. Enfila el cordel en la pajita.

2 Ata el cordel entre 2 sillas.

3 Infla en globo. Ciérralo bien con una pinza de tender ropa.

4 Fija el globo sobre la pajita con cinta adhesiva, cuidando que la pajita quede en la misma dirección que el pitorro del globo.

5 Arrastra la pajita con el globo al extremo de la cuerda, en el lado donde está el pitorro, y colócate junto a ella.

6 Retira la pinza de ropa. El globo es propulsado de un extremo a otro de la cuerda.

¿Sabes...

que el aire es una fuente de energía importante?

El aire que metiste dentro del globo estaba aprisionado y apretado dentro del globo. Cuando sacamos la pinza, el aire sale muy deprisa del globo y lo propulsa hasta el otro lado del cordel.
Se dice que el aire estaba «comprimido» dentro del globo.
Antes del teléfono se utilizaban los «tubos neumáticos» que permitían enviar mensajes a distancia. Lo mensajes se colocaban en unos cilindros que circulaban por una red de tubos, impulsados por «aire comprimido».

9

Necesitas:

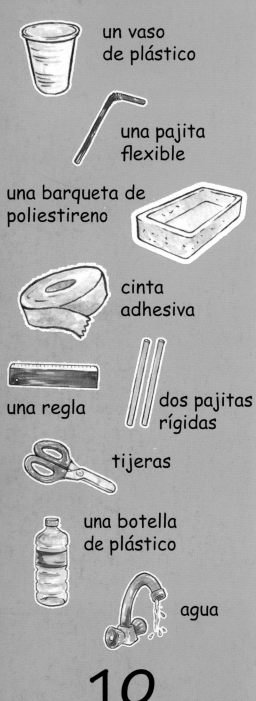

un vaso de plástico

una pajita flexible

una barqueta de poliestireno

cinta adhesiva

una regla

dos pajitas rígidas

tijeras

una botella de plástico

agua

El barco de agua

1 Con la punta de las tijeras haz un agujero, del mismo diámetro que la pajita flexible, en el fondo del vaso de plástico.

2 Con la punta de las tijeras haz un agujero del mismo diámetro que la pajita flexible, en el fondo de la barqueta de poliestireno.

3 Pega las dos pajitas con cinta adhesiva, debajo del vaso, verticales, como en el dibujo.

4 Pasa la pajita flexible por el agujero del vaso y por el de la barqueta. Deja que salgan 3 cm de pajita flexible por el fondo del vaso y corta el sobrante con las tijeras.

5 Dobla el otro extremo de la pajita flexible debajo de la barqueta.

6 Pon el vaso de pie con las pajitas apoyadas sobre los bordes de la barqueta.

7 Llena un recipiente o el fondo de una bañera con unos 10 cm de agua.

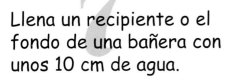

8 Llena con cuidado el vaso con el agua de una botella. ¡El barco avanza solo!

¿Sabes...

cómo se desplaza el barco?

El barco de agua para desplazarse utiliza el principio de los «vasos comunicantes»
El primer recipiente, o sea el vaso, está por encima del segundo, o sea el recipiente o a la bañera. Comunican entre si gracias a la pajita. El nivel del recipiente de arriba tiende a ponerse al mismo nivel del recipiente de abajo. El vaso se vacía pues a través de la pajita, para ponerse al mismo nivel que el otro. El agua sale con fuerza por el extremo de la pajita, propulsando el barco.

11

Necesitas:

una bandeja
de plástico

una vela

un encendedor

un bote de yogur
de cristal

una regla

agua

El hidrodeslizador

1 Inclina la bandeja apoyándola sobre un objeto de 4 cm de alto.

2 Moja los bordes del bote de yogur de cristal.

3 Pon el bote de yogur del revés, en el lado levantado de la bandeja.

Enciende la vela con el encendedor, sujetándola por la base para no quemarte

!

Acerca la llama a 2 cm del bote de yogur. No pongas en contacto la llama con el bote para no quemarlo.

!

Al cabo de unos segundos, el bote de yogur empieza a moverse solo. ¡Sobre todo no toques el bote porque puede estar muy caliente!

!

¿Sabes...

porqué el bote se mueve solo?

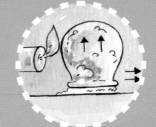

Cuando humedecemos los bordes del bote, que está boca abajo sobre la bandeja, el aire que tiene dentro se queda encerrado: el bote es «hermético». El calor producido por la vela hace que aumente el volumen del aire que hay dentro del bote. Entonces el aire lo levanta un poco y el bote puede resbalar sobre un cojín de agua. Los hidrodeslizadores de verdad, son barcos de fondo plano que navegan propulsados sobre el agua por una hélice aérea, o sea una hélice que impulsa aire en lugar de calentarlo. El resultado es el mismo.

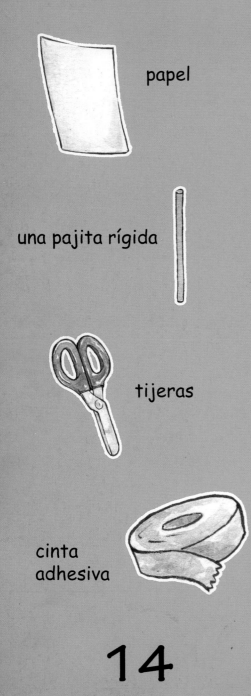

Necesitas:

papel

una pajita rígida

tijeras

cinta adhesiva

14

El planeador

Recorta una primera tira de papel de 25 cm por 10 y una segunda tira de papel de 25 cm por 5.

Dobla los dos bordes más largos de la banda de 25 cm por 10, uno sobre el otro, sin apoyar, y fíjalos con cinta adhesiva. Has fabricado el ala del planeador.

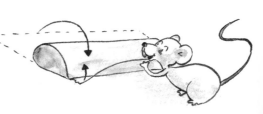

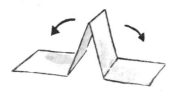

Timón

Alerón trasero

una regla

3 Dobla en cuatro la tira de 25 cm por 5. Baja los extremos de la tira hacia los lados y fíjalos con cinta adhesiva, como en el dibujo. Has fabricado la cola del planeador, con el timón en el centro y a los lados las alas traseras.

un lápiz

4 Recorta una tira de 1,5 cm sobre cada una de las alas traseras, de forma que el timón sobresalga.

un clip

¿Sabes...

cómo funciona un planeador?

Los planeadores no tienen motor y utilizan los movimientos del aire para desplazarse.

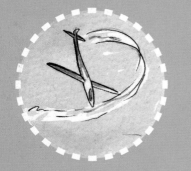

Si desplazas el timón de izquierda a derecha, cambias la dirección que tomará tu planeador. Cuando levantas los alerones hacia arriba, tu planeador cabecea y hace un «looping», es decir una voltereta en el aire. Puedes elegir las posiciones que prefieras.

16

5

Practica una incisión de 1 cm, a 4 cm del borde de las alas traseras. Esto formará los alerones.

4 cm

2 cm

6

Fija con cinta adhesiva las alas y la cola del planeador sobre una pajita. Las alas hay que fijarlas a 2 cm. del extremo de la pajita y la cola al final del otro extremo.

7 Coloca un clip en el extremo delantero del planeador para dar peso al morro de tu planeador.

8 Sujeta el planeador entre el pulgar y el índice, justo por delante de la cola y ¡lánzalo!

El vuelo a vela es una actividad que se practica con un planeador. Los planeadores no tienen motor y necesitan ayuda para despegar. Un planeador puede ser «lanzado», o sea puede iniciar el vuelo con ayuda de otro avión —decimos entonces que es remolcado— o por medio de un pequeño motor y una hélice integrados. ¡El record de velocidad en 500 metros, ida y vuelta, lo tiene un alemán que voló a 306 Km. por hora!

Necesitas:

una caja de zapatos de unos 30 por 19 cm.

dos bobinas de hilo, a ser posible vacías.

dos pinchos de brocheta

cola blanca de secado rápido

cordel

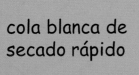

pasta de modelar

cinta adhesiva

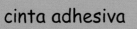

cartón ondulado (cartón de embalar)

18

El puente levadizo

1 Con las tijeras, corta la tapadera de la caja de zapatos en el sentido de la anchura, a unos 10 cm de uno de los lados.

2 Con las tijeras, haz una muesca triangular sobre los lados del trozo más grande de la tapa, en la zona del lado cerrado. El triángulo debe tener una base de alrededor de 1 cm y su extremo superior tiene que estar a 18,5 cm del lado abierto (medida que corresponde a la anchura de la caja).

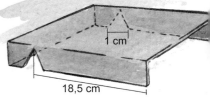

1 cm

18,5 cm

2 cm

3 Haz 2 agujeros con la barrena sobre la parte superior del trozo grande de la tapa, a 2 cm del lado cerrado.

4 En el trozo pequeño de la tapa, corta con las tijeras 5 mm del doblez de cartón en el lado del borde abierto, luego haz 2 agujeros con la barrena en el doblez a 5 cm de los lados y pasa por ellos un pincho de brocheta.

5 mm

5 Suelda de nuevo los dos trozos que acabas de cortar pegando cinta adhesiva encima de la tapa para hacer una articulación. Has fabricado un puente.

6 Con las tijeras recorta dos trozos de cartón de embalar de 40 cm por 34 y dibuja encima, a la altura de la caja de zapatos (unos 10 cm), dos porches iguales sobre cada uno de los dos trozos de cartón. El porche debe tener la anchura de la caja, unos 19 cm y 20 de altura.

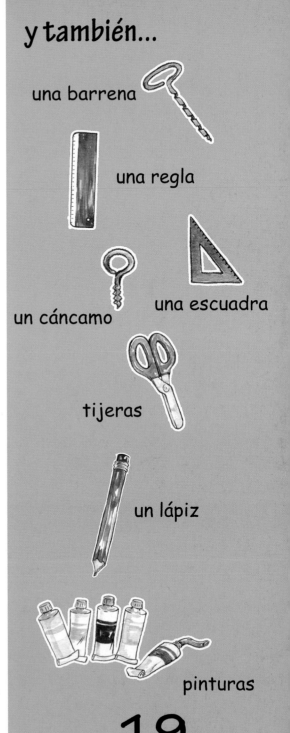

y también...

una barrena

una regla

un cáncamo

una escuadra

tijeras

un lápiz

pinturas

19

¿Sabes...

para que sirven
los puentes levadizos?

Los castillos de la Edad
Media estaban rodeados
por un foso lleno de agua
o por un foso seco que se
utilizaba para recoger el
agua de lluvia.

El puente levadizo es un
puente móvil que permitía a
la gente cruzar este foso.
Cuando el puente levadizo
estaba bajado podían
entrar y salir del castillo.
En caso de ser atacados se
levantaba el puente levadizo
y la entrada del castillo
quedaba bloqueada.

7 A continuación, recorta, en cada
trozo de cartón, el porche y
pega los trozos uno sobre otro.
Después haz dos agujeros con
la barrena a 30 cm de altura
y a 6 cm de los lados. Pega los
porches, bien centrados sobre el
lado más grande de la caja.

8 Recorta en cartón de embalar,
con ayuda de la escuadra,
4 triángulos rectángulos en
los que los lados del ángulo
recto midan 6 cm y 4 cm,
después pégalos 2 por 2 uno
encima del otro.

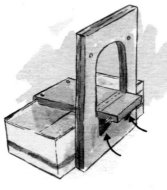

9 Pasa el puente bajo el porche
y colócalo como en el dibujo.
Para sostener tu puente
levadizo fija un triángulo en
cada lado del puente, pegando
el lado de 4 cm sobre la parte
pequeña del puente y el lado de
6 cm sobre la base del porche.

10 Enfila las bobinas,
una a cada lado del
pincho de brocheta
y fíjalas con un
poco de pasta de
modelar.

11 Recorta 2 cruces de 4,5 cm de longitud y de la misma anchura y fíjalas con cola en el exterior de las bobinas.

12 Recorta 2 trozos de cordel de 75 cm. Haz un gran nudo en uno de los extremos de los cordeles y pasa cada uno de ellos por uno de los agujeros del puente. A continuación pásalos por uno de los agujeros que has hecho en el porche y fija con cola a las bobinas el otro extremo de los cordeles. A continuación enrolla en las bobinas el cordel sobrante.

13 Clava un cáncamo en el porche, horizontal, justo bajo el borde exterior de la bobina, para evitar que la bobina gire sola cuando tiene el cordel enrollado. Ponlo vertical para bajar tu puente levadizo.
A continuación puedes recortar unas almenas para colocar encima del porche y decorar la entrada y el puente levadizo de tu castillo.

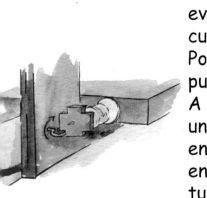

¿Sabes...

cómo levantar sin esfuerzo un puente levadizo?

Hay que fijar las cuerdas en el extremo del puente.

Si las cuerdas están fijadas en el centro del puente, se necesita mucha más fuerza para levantarlo.

Necesitas:

papel

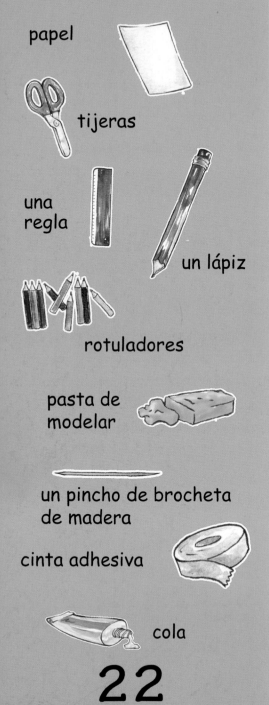

tijeras

una regla

un lápiz

rotuladores

pasta de modelar

un pincho de brocheta de madera

cinta adhesiva

cola

La bandera oscilante

1 Con un trozo de pasta de modelar, haz una bola redonda de unos 5 cm de diámetro. Para ello hay que hacer rodar la pasta entre tus manos.

2 Da a la bola la forma que ves en el dibujo: una base ancha y redondeada y un hueco alrededor de una columna central que sobresale.

3 Corta un trozo de pincho de brocheta de 13 cm.

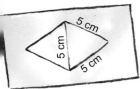

En un papel dibuja y colorea triángulos equiláteros de 5 cm de lado, encolados uno a otro y recórtalos con las tijeras.

4

5

Pega los 2 triángulos uno sobre otro en uno de los dos extremos del trozo de pincho de brocheta. Esto forma una bandera.

6

Planta el otro extremo del pincho, en el centro de la columna de pasta de modelar.

7

Empuja la bandera. ¿Qué pasa? ¡Se endereza por sí sola!

¿Sabes...

qué es un tentetieso?

Se trata de un juguete para niños. Siempre regresa a la posición vertical porque su base pesa mucho. Cuando lo empujamos se mueve en todas direcciones sobre su base redondeada. «Oscila», porque intenta volver a colocar su «centro de gravedad» lo más cerca posible al suelo.
El centro de gravead es el punto de aplicación del conjuntode fuerzas del «peso», es decir la combinación de la fuerza que tiene tendencia a atraer los objetos y los seres vivientes hacia el centro de la tierra y la que produce el hecho de que la tierra gire.

Necesitas:

un tenedor de ensalada
un poco hueco

pinchos de brocheta
de madera

una goma elástica
de unos 12 cm

dos gomas
elásticas
pequeñas

un cáncamo
cerrado

cordel

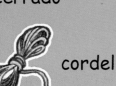

cartón ondulado
(cartón de embalar)

24

La catapulta

7cm   31 cm

1 Recorta con las tijeras
3 rectángulos de cartón
ondulado de 31 cm por 7
A continuación encólalos
unos sobre otros, esto
forma el zócalo.

2 Con las tijeras recorta
4 triángulos isósceles de
cartón ondulado con una
base de 16 cm y dos lados
de 21 cm. Únelos de dos
en dos con cola blanca
para obtener los dos
soportes.

21 cm
16 cm

1 cm
1 cm
6 cm   16,5 cm

3 Con la barrena, perfora
2 agujeros en los dos
soportes triangulares,
como en el dibujo.

4 Encola la base (16 cm) de los dos soportes triangulares sobre los lados del zócalo, a 5 cm del borde.

5 cm

5 Recorta una pequeña lengüeta de cartulina de 5 cm por 0,5, que debes sujetar con dos gomas elásticas al extremo del mango del tenedor, formando un pequeño túnel, como en el dibujo.

6 Introduce un trozo de pincho de brocheta de 12 cm, en los agujeros más bajos de los soportes, haciendo que pase bajo el pequeño túnel formado por la lengüeta de cartulina que se encuentra bajo el mango del tenedor.

y también...

cola blanca de secado rápido

un trozo de cartulina

tijeras

una regla

un lápiz

una barrena de 3 milímetros de diámetro

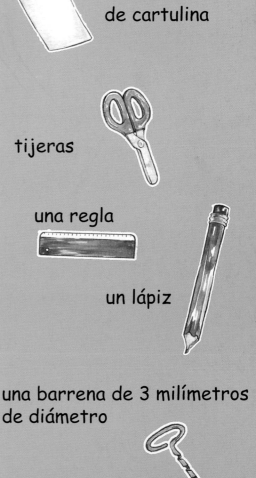

25

¿Sabes...

qué es una catapulta?

La catapulta es un arma de sitio, utilizada para destruir o para lanzar objetos por encima de las fortificaciones de las ciudades. Durante la Antigüedad y en la Edad Media ha tenido diferentes formas.

Permitía enviar proyectiles a varios cientos de metros por encima de los soldados que iban a pie. En la catapulta, la fuerza del lanzamiento de objetos, por ejemplo flechas en llamas, viene determinada por un brazo que tensa las cuerdas, remplazado aquí por el tenedor de madera y la goma.

Fija la goma elástica de 12 cm pasándola por los agujeros de la parte alta de los soportes bloqueándola en cada lado con unos trocitos de pincho de brocheta. Pasa el tenedor entre las dos partes de la goma

Atornilla el cáncamo en el zócalo bajo la cabeza del tenedor.

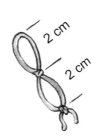

2 cm

2 cm

9

Haz un doble bucle con cordel (cada bucle de unos 2 cm), como en el dibujo, y enfila uno de los bucles por un diente del tenedor. Pasa el otro bucle por el cáñamo y bloquéalo con un trocito de pincho de brocheta de 5 cm.
¡Tu catapulta está lista!

10

Pon una bolita de papel en el hueco del tenedor y ¡retira el trocito de pincho que has pasado por el bucle!

¿Sabes...

que la catapulta inspiró la creación de otras armas empleadas en la Edad Media, los trabucos?

Funcionan gracias a un sistema de «contrapeso». En un extremo de una viga se colocaba el objeto a lanzar, casi siempre una bola de piedra. Este extremo estaba atado a la base del trabuco. En el otro extremo se fijaba una masa muy pesada. Cuando desataban la parte de la viga donde estaba el objeto, éste era lanzado a casi 200 metros. Más adelante la catapulta fue sustituida por cañones de pólvora.

27

Necesitas:

cartulina

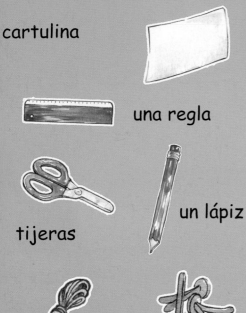

una regla

tijeras

un lápiz

cordel

pasadores

cola blanca de secado rápido

una varilla de madera de 1 cm de grueso

una sierra para madera

La marioneta

1

Con las tijeras corta un gran rectángulo de cartulina de 19 por 10 cm. Esto será el cuerpo de la marioneta

10 cm

19 cm

2

Recorta 4 rectángulos de cartulina de 8,5 por 3,5 cm. Son las piernas de la marioneta, compuestas por los muslos y las pantorrillas.

3,5 cm

x 2

3 cm

x 2

2,5 cm

3

Recorta 4 rectángulos de 6 por 3 cm. Son los brazos de la marioneta, compuestos por el brazo y el antebrazo. Dibuja en la cartulina y luego recorta: 2 pies con un tobillo de 3,5 cm, 2 manos con una muñeca de 3 cm de ancho y una cabeza con un cuello de 2,5 cm de ancho.

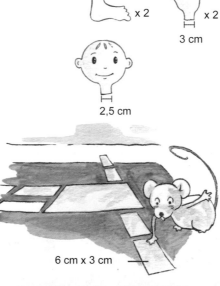

6 cm x 3 cm

Fija entre si, la cabeza, **4** los pies, las manos, los rectángulos de las piernas y de los brazos y luego el cuerpo de la marioneta con pasadores, colocados a 0,5 cm del borde de cada rectángulo.

0,5 cm

Recorta con la sierra **5** dos trozos de varilla de madera de 31 cm y fíjalas en cruz con cola blanca.

Con ayuda de un pasador, haz **6** un agujero en las manos, en las rodillas y en la cabeza de la marioneta. Enfila en cada uno de ellos un trozo de cordel de 50 cm, fijado con un nudo en la espalda de la marioneta.

Ata con un nudo el cordel de **7** la cabeza, a 17 cm del centro de la cruz de madera, y ata los cordeles de las rodillas y de las manos a los extremos de las varillas.

¿Sabes...
qué es una articulación?

La marioneta que has hecho se mueve porqué está «articulada». En el hombre las «articulaciones» están situadas entre dos huesos y nos permiten el movimiento de un hueso en relación al otro.

Por ejemplo la «rodilla» es la articulación que une el «fémur», el hueso del muslo, con el «peroné», el hueso de la pantorrilla. La «cadera» une el fémur del muslo al hueso de la pelvis.

29

Necesitas:

1 bolsa de plástico
o una bolsa
de basura

cordel

una regla

pasta de
modelar

cinta adhesiva

tijeras

una báscula

una silla

El paracaídas

1

En la bolsa de plástico recorta un rectángulo de 25 por 17,5 cm, es la vela del paracaídas.

2

Refuerza los ángulos de la vela con cinta adhesiva.

3

Haz unas pequeñas incisiones en cruz en los ángulos de la vela, con la punta de las tijeras.

4 Corta 4 trozos de cordel de 28 cm. En cada uno de los agujeros en forma de cruz que has hecho en los ángulos de la vela, enfila un trozo de cordel y fíjalo con 3 nudos.

5 Prepara un trozo de pasta de modelar de unos 7 gramos y dale forma de maza.

6 Coloca los extremos de los cordeles en el centro de la pasta de modelar, como en el dibujo. ¡Ya tienes tu paracaídas!

¿Sabes...

para que sirve un paracaídas?

El paracaídas sirve para que la caída sea más lenta. La vela, que aquí está hecha con el trozo de bolsa de plástico, «roza» con el aire y disminuye la velocidad de caída. Para comprobarlo basta que dejes caer la masa de modelar que tiene paracaídas, al mismo tiempo que un trozo de pasta de modelar sin paracaídas.

Así podrás comprobar que el trozo de pasta de modelar que no lleva paracaídas llega al suelo mucho antes.

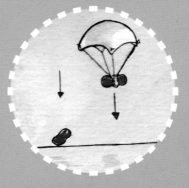

Necesitas:

una botella de plástico de medio litro

un par de palillos chinos de madera

cinta adhesiva

una goma elástica

cordel

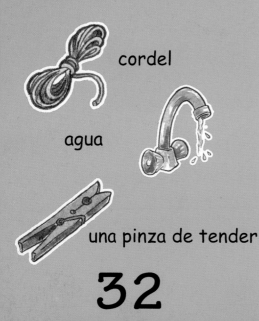

agua

una pinza de tender

32

El barco propulsado por una goma

1 Con la cinta adhesiva fija los palillos chinos en la parte baja de la botellita de plástico, como en el dibujo. Detrás de la botella deja que los palillos sobresalgan unos 9 centímetros.

—9 cm—

2 Refuerza la fijación de la cinta adhesiva atando 2 trozos de cordel alrededor de la botella, delante y detrás.

3 Tensa la goma elástica entre los dos palillos detrás de la botella.

4 Pon unos 40 centilitros de agua en la botella y vuelve a taparla bien. Vierte a continuación 10 cm de agua en una bañera o en un recipiente grande.

5 Separa la pinza de ropa en dos partes. Pon una de las partes de la pinza de ropa en el centro de la goma tensada.

6 Haz girar muchas veces la pinza de ropa sobre si misma en el sentido de las agujas del reloj para «avanzar» o en el sentido opuesto para «retroceder».

7 Sujeta bien la pinza de ropa. Pon la botella sobre al agua de la bañera o del recipiente y suelta la pinza de ropa. La botella avanza o retrocede sola, ¡como un barco!

¿Sabes...

qué es un barco de ruedas?

Un barco de ruedas es un barco de vapor que utiliza «ruedas de palas» como medio de propulsión. Las ruedas de palas son accionadas por un motor de vapor y hacen avanzar el barco.

Hoy en día las ruedas han sido sustituidas por hélices. El primer barco de ruedas empezó a navegar en 1783 en un río de Francia, el Saône.

33

Necesitas:

una botella de plástico de un litro y medio

dos gomas elásticas

agua

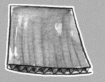

cordel

cartón andulado (cartón de embalar)

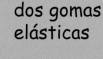

pinchos de brocheta de madera

La grua

1 Con las tijeras recorta tres cuadrados de café de 12 cm de lado en el cartón ondulado y pégalos uno sobre otro. Has fabricado el zócalo.

2 Pega la botella de plástico sobre el zócalo y haz un agujero con la barrena en el centro del tapón de plástico de la botella. Llena la mitad de la botella con agua. Has fabricado la torre de la grúa.

Con las tijeras, corta 3 rectángulos de 32 por 3 cm y pégalos uno sobre otro. Has fabricado la pluma de la grúa.

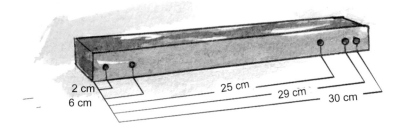

2 cm
6 cm
25 cm
29 cm
30 cm

Con la barrena, perfora un primer agujero a 2 cm, un segundo a 6 cm, un tercero a 25 cm, un cuarto a 29 cm y un quinto a 30 cm del borde, como en el dibujo.

y también...

cola blanca de secado rápido

 una bobina de hilo

tijeras

una barrena de 3 mm de diámetro

un gancho en forma de «S» o un imán pequeño.

 agua

35

¿Sabes...
qué es una grúa?

La grúa permite levantar objetos pesados. La pluma gira alrededor del eje para desplazar los objetos colgados de un cable. Cuando hace mucho viento se deja libre, de esta forma se orienta en función de la dirección del viento, para evitar que se caiga la grúa. Se suele decir que la grúa está en «veleta».

No se puede utilizar la grua cuando el viento sopla a más de 72 Km por hora. El que maneja la grúa se instala en una cabina situada en la torre.

36

5 Planta un trozo de pincho de brocheta de 14 cm en el tercer agujero de la flecha y luego en el agujero que has hecho en el tapón de la botella. Deja que el trozo de pincho de brocheta sobresalga unos 8 cm por encima de la pluma. Será el eje de la grúa.

6 Para mantener el eje sobre la pluma y el tapón, enrolla primero una goma elástica encima de la pluma y enrolla después otra goma debajo del tapón. Enrosca el tapón a la botella.

orta 40 cm de cordel.
asa el cordel por el
egundo agujero de la
luma y fíjalo con un buen
udo. Tensa a continuación
l cordel y fíjalo con un
udo y un poco de cola, en
o alto del eje de la grúa.
laz pasar por el cuarto
gujero el resto del cordel,
énsalo bien y fíjalo con un
udo grande.

Planta un trozo de pincho de brocheta de unos 6 cm. en el quinto agujero y enfila encima la bobina.

Pasa el hilo de la bobina
por el primer agujero
y ata al final del hilo un
gancho en «S» o un imán.
¡Has fabricado una grúa!

¿Sabes...

que para mantener en equilibrio la grúa, se puede fijar al suelo o «lastrarla»?

Se trata de colocar sobre su pie alguna cosa pesada, hormigón, metal o un coche. Contra más alta es la grúa más peso debe tener en la base.
La grúa más alta que se ha construido es una grúa de 120 m de alto.
Haciendo girar la bobina de tu grúa, puedes hacer subir o bajar los objetos sujetos al gancho o al imán.

Necesitas:

un tapón de corcho

dos agujas de coser

agua

un recipiente

un imán

tijeras

una barrena fina

papel

cola

una regla

un lápiz

Los patos rivales

1 Corta con las tijeras dos trozos de tapón de corcho de alrededor de 1,5 cm.

2 Frota con el imán la punta de una de las agujas y el ojo (agujero por donde pasa el hilo) de la otra.

3 Con la barrena haz un agujero que atraviese los trozos de corcho y enfila las agujas dentro.

4

Sobre la hoja de papel dibuja 2 patitos de 3 cm de ancho con, por debajo, una lengüeta de 1 cm, como en el dibujo, luego recórtalos con las tijeras.

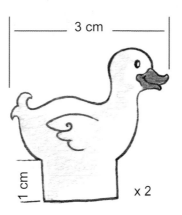

3 cm

1 cm

x 2

5

Pega la lengüeta de los patos sobre los trozos de corcho cuidando de orientar su cabeza hacia la zona de cada aguja que has frotado con el imán.

6

Vierte 5 cm de agua en un recipiente, pon los patos en el agua, bastante alejados uno de otro y espera unos segundos: ilos patos acercan poco a poco hasta acabar chocando!

¿Sabes...

qué es un imán?

Un imán es un objeto «magnético» que puede ejercer una fuerza de atracción o de repulsión sobre los objetos llamados «ferromagnéticos».

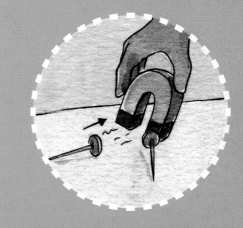

El magnetismo corresponde a una fuerza invisible orientada en la dirección norte-sur. Esta orientación explica la utilización de los imanes en la fabricación de brújulas, que nos indican el norte.

Necesitas:

cartulina

pinchos de brocheta de madera

dos tapones de corcho

cola blanca de secado rápido

una goma elástica plana de 13 cm de largo

dos gomas pequeñas

una tapadera de plástico de 8 cm de diámetro como máximo.

un brick de leche vacío y lavado

un lápiz

un cúter

una regla

tijeras

una barrena

El ventilador de mano

1 Con la barrena haz unos agujeros en los dos lados más anchos del brick de leche, en el centro, a 5 y 13,5 cm de altura a partir de la base del brick. Enfila en los agujeros, a través del brick, unos trozos de pincho de brocheta de 11 cm.

13,5 cm
5 cm

2 Con las tijeras corta un trozo de 1,5 cm de un tapón de corcho. En el otro trozo de tapón, con la barrena perfora un agujero en sentido longitudinal, de 2 cm de profundidad y enfila este trozo de tapón sobre la extremidad derecha del pincho de brocheta más alto.

1,5 cm

3 Recorta 4 rectángulos de 6 por 2 cm de cartulina. Son la «palas» del ventilador.

2 cm 6 cm

Haz 4 incisiones de 2 cm, en diagonal, con un cúter, en el borde de otro tapón de corcho, luego inserta en estas hendiduras las palas del ventilador. Con la barrena perfora un agujero de 3 cm de profundidad en el tapón, en el lado opuesto a las palas, en sentido longitudinal y enfílalo sobre el extremo izquierdo del pincho de brocheta más alto.

Haz un agujero con la barrena en el centro de la tapadera de plástico y enfílalo sobre el extremo derecho del pincho de brocheta más bajo. Engancha el trozo de tapón de 1,5 cm cerca del borde de la tapadera, para fabricar la «manivela».

Para fijar y apretar el dispositivo sobre el pincho de brocheta más bajo enrolla unas gomitas en cada extremo del pincho.

Coloca la goma plana alrededor del trozo de corcho y de la tapadera, después haz girar la manivela.

¿Sabes...
qué es un engranaje?

Los engranajes sirven para transmitir un movimiento de rotación. Están hechos a con ruedas dentadas que están en contacto unas con otras. Se utilizan en mecánica y en los motores, pero también en relojería, en los relojes mecánicos.

Los engranajes te han permitido multiplicar las rotaciones: por cada vuelta que le das a la tapadera grande obtienes cuatro vueltas de ventilador.

41

Necesitas:

una caja de cartón de 10 huevos

 4 tapones de botella de agua iguales

pinchos de brocheta de madera

 pasta de modelar

cola blanca de secado rápido

 4 gomas elásticas pequeñas

dos imanes bastante potentes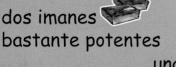

una barrena

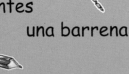

un lápiz

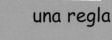 una regla

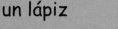 tijeras

El bus de imán

1 Haz unos agujeros con la barrena a lada lado de la caja de huevos, de forma de queden situados en el centro y a 1 cm de la base, en la primera y en la cuarta fila de huevos.

2 Enfila en cada par de agujeros un trozo de pincho de brocheta. Enfila una bolita de pasta de modelar sobre los pinchos, cerca del borde de la caja de huevos, para que queden bien centrados. Es el habitáculo del bus.

3 Con la barrena, perfora unos agujeros en el centro de los 4 tapones de botella. Rellena el hueco de los tapones con pasta de modelar. Son las 4 ruedas del bus.

4

Enfila las 4 ruedas a los extremos de los 2 trozos de pincho de brocheta. Hazlas girar para que no se enganchen y enrolla una goma pequeña en cada extremo de los pinchos de brocheta para evitar que se suelten.

5

Pega un imán en la parte trasera del bus, allí donde el habitáculo sale un poco por detrás de las ruedas.

6

Pega el otro imán al extremo de un pincho de brocheta cuidando que los imanes se rechacen. Acerca el imán al del bus. ¡El bus avanza solo!

¿Sabes...

cómo se pueden utilizar los imanes?

Los imanes se utilizan en la fabricación de motores eléctricos y generadores. Los especialistas pueden fabricar unos imanes muy potentes, los «electroimanes»: se emplea corriente eléctrica para fabricar un campo magnético muy fuerte. Los «electroimanes» se utilizan, entre otras cosas, para hacer funcionar los trenes *Maglev*, unos trenes sin ruedas que flotan sobre las vías gracias a la repulsión que se crea entre los electroimanes de las vías y los que están situados debajo de los trenes.

Necesitas:

papel
formato A4

pinchos de brocheta
de madera

cordel

cola blanca de
secado rápido

un lápiz

una regla

un bolígrafo

tijeras

44

La cometa

1 Dobla en dos la hoja de papel A4 en sentido longitudinal y luego en el sentido de la anchura a 7,5 cm de uno de los lados.

7,5 cm

2 Traza la diagonal de los rectángulos a y b y recorta el papel con las tijeras a lo largo de esta diagonal.

3 Haz 2 marcas debajo de la hoja, a 1,5 cm de cada lado del pliegue, en el sentido de la anchura. Traza una línea para cada rectángulo c y d, desde la marca hasta el borde del pliegue, en el sentido de la anchura. Corta el papel con las tijeras a lo largo de esta linea. Es la «vela» de la cometa.

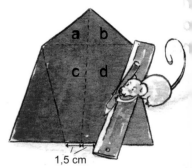

1,5 cm

Haz una cruz con dos trozos de pincho de brocheta, uno de 28,5 cm y otro de 19,5 cm, a 7,5 cm de uno de los extremos del pincho más largo. Fija los 2 pinchos entre sí con cola y un trocito de cordel enrollado y cruzado.

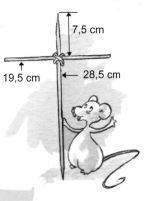

7,5 cm

19,5 cm ← 28,5 cm

Corta un trozo de cordel de 24 cm y fija un extremo al centro de la cruz y el otro debajo de la cruz. Anuda en el centro del cordel un trozo de 6 metros de cordel, que enrollarás sobre un bolígrafo. Es el «carrete».

Recorta 4 rectángulos de papel, de 5 por 2 cm y pega uno de esos rectángulos cada 10 cm en un trozo de cordel de 50 cm. Es la «cola» de tu cometa. Ata uno de los extremos de la cola a la parte baja de la cruz.

Después fija la cruz a la vela, poniendo un punto de pegamento en cada extremo. ¡Tu cometa está lista!

¿Sabes...

cómo vuela tu cometa?

La cometa se eleva y se mantiene en el aire gracias a las fuerzas producidas por el viento, llamadas fuerzas «aerodinámicas». Se sostiene gracias al aire que circula a lo largo de la vela.

Algunas cometas mas perfeccionadas han sido utilizadas para estudios meteorológicos o para realizar fotografías aéreas. También pueden servir para tirar de los deportistas como en el carro a vela o el «kitesurf», surf sobre al agua arrastrado por una cometa.

45

ABC de los experimentos

Barrena

Útil que tiene una varilla roscada y sirve para hacer agujeros.

Cáncamo

Clavo o tornillo con la cabeza en forma de gancho.

Colisión

Choque violento entre varios vehículos u objetos en movimiento.

Diámetro

Trazo que corta un círculo en dos partes iguales pasando por su centro.

Fémur

Hueso del muslo.

Hélice

Objeto hecho de hojas metálicas o de otros materiales, que giran alrededor de un eje a toda velocidad para hacer avanzar o volar un aparato.

Hermético

Perfectamente cerrado.

Incisión

Hendidura hecha con un instrumento cortante.

Lengüeta

Objeto que parece una lengua pequeña.